人生智慧篇

小古文里走出的名人

时间岛图书研发中心
郯亚威 主编

诸葛恪

重庆出版集团 重庆出版社

图书在版编目（CIP）数据

小古文里走出的名人．人生智慧篇 / 郄亚威，时间岛图书研发中心主编．-- 重庆：重庆出版社，2021.12
ISBN 978-7-229-16455-3

Ⅰ．①小… Ⅱ．①郄… ②时… Ⅲ．①文言文—阅读教学—小学—教学参考资料 Ⅳ．① G624.233

中国版本图书馆 CIP 数据核字 (2021) 第 271387 号

小古文里走出的名人　人生智慧篇
XIAOGUWEN LI ZOUCHU DE MINGREN　RENSHENGZHIHUI PIAN

郄亚威　时间岛图书研发中心　主编

责任编辑：叶　子
封面设计：王淑聪
特邀编辑：张　颖

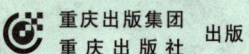
出版

重庆市南岸区南滨路 162 号 1 幢
邮政编码 400061
http://www.cqph.com
唐山富达印务有限公司　印装

开本：700mm×1000mm　1/16
印张：9　字数：120 千
2021 年 12 月第 1 版
2021 年 12 月第 1 次印刷
ISBN 978-7-229-16455-3
定价：28.00 元

版权所有　侵权必究

小古文里走出的名人
主创团队成员

裂陶
时间岛岛主

初五
选题策划、统筹

十七
统筹、文案、编辑

尤尤
主笔

阿秋
编辑

小木
编辑

小鱼
插画师

豆小豌
设计师

阅读说明

学习这本书,总共分六步!

第一步

目录

按照时间先后顺序编排名人故事,条理清晰。

第二步

正文、释义、译文

重难点字词注解详细,扫除阅读障碍,体会古汉语的言简义丰。

第三步

漫画

脱离学习文言文的枯燥氛围,提升阅读兴趣。

阅读说明

第四步

拓展

根据选文内容，适当延伸知识点，开阔学生眼界。

第五步

积累

积累生动又丰富的写作素材。

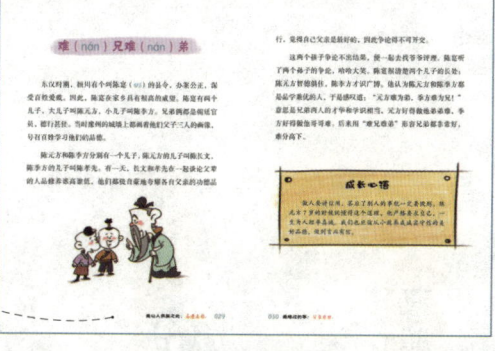

第六步

知识大比拼

针对选文内容，提炼与之相关的习题，考查学生对文章的理解程度，配有详细的参考答案。

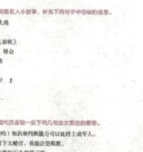

目录

- 001 大禹
- 007 晏子
- 013 庄子
- 019 孙膑
- 025 陈元方
- 031 黄琬
- 037 曹操
- 043 曹冲
- 049 钟会
- 055 诸葛恪
- 061 王戎

目录

- 067 孙亮
- 073 谢道韫
- 079 王羲之
- 085 苻融
- 091 郑谷
- 097 司马光
- 103 富弼
- 109 狄青
- 115 丁谓
- 121 怀丙
- 127 包拯

一个在时间岛屿，
手握星辰，执笔成书的乌托邦，
立志将历史故事抽丝剥茧，
带你涌入时光隧道。

名人访谈

您好！请问您治理黄河用了多少年呢？

整整十三年才有了效果。

您常年在外奔波，不想念家里的亲人吗？

当然想啦。不瞒你说，我曾经三次从家门口经过，都没有推门进去。

啊？这是为什么呢？

那个时候，我其实很想推门进去看看我的家人。可是，黄河的水患问题还没有解决，百姓们还在饱受着水患之苦，我怎么能为了一己之私而耽搁了大事呢？

您真的很伟大，永远值得我们尊敬，是我们学习的榜样。

最意外的收获： 在治水过程中，把天下划分为九州。

> 故事再现

大禹治水

——选自《史记》

尧舜时，九河①不治，洪水泛滥（làn）。尧用鲧（gǔn）②治水，鲧用壅（yōng）③堵之法，九年而无功。后舜用禹（yǔ）治水，禹开九州，通九道，陂（bēi）④九泽，度（duó）九山。疏通河道，因势利导，十三年终克⑤水患。一成一败，其治不同也。

最让人感动的事：一心治理黄河，三过家门而不入。

> 需要知道的意思

① 九河：泛指很多河流。② 鲧：上古神话传说中的人物，为颛顼（zhuān xū）帝之子，大禹之父。③ 壅：堵塞。④ 陂：在水泽边筑堤坝。⑤ 克：战胜。

> 译文

在尧帝和舜帝统治的时候，天下许多河流都治理不好，洪水泛滥成灾。尧任用鲧去治理水患，鲧使用堵塞的方法，历经九年没有功效。后来，舜任用大禹治理水患。大禹（带人）划分九州，疏通了很多河道，修筑了很多堤坝，勘测了很多大山。疏通了河道后，顺着地势引导水流的方向，历经十三年终于战胜了水患。（鲧和大禹治理洪水）一个成功一个失败，是因为他们所采用的治理方法不同啊！

"错开河"与"米汤庵"的传说

一次，大禹率领众人顺着一条沟向西开去，忽然空中传来一阵阵叫声："错开河，错开河，开西不如往东挪！"大家抬头一看，原来是一只大鸟在空中翩翩起舞，嘴里不停地叫喊着这几句话。众人惊讶不已，议论纷纷。大禹见到此情景，忽然好像明白了什么，就带着几个有经验的人攀上高峰，勘察山形和水势。这时大禹才明白，如果按原定的计划往西开，不仅工程艰巨，而且不利于洪水疏导。于是大禹更改了计划，带领民众向偏东的方向开去，工程进度也因此加快了许多。后人就将龙门岔口偏西的一段河道起名为"错开河"。

有一年，正值炎暑时节，开河的人们口干舌燥、汗流浃背。大禹差人送来水，但随着人数的与日俱增，水就渐渐供不应求了。大禹为此焦急万分。

这时，不知从什么地方来了一位老妈妈，身边跟着一个小女孩，她们竟在后崖下支起锅，烧起米汤来。大家看那口锅不大，煮的米汤也就够几个人喝的，谁也没当一回事。可奇怪的是，不管你从锅里舀出多少米汤，它都不见减少，可以说是取之不尽，用之不竭。人们喝着可口的米汤，开凿龙门的劲头也就更足了。等到龙门开通，人们想感谢那位老妈妈时，却怎么都找不到她了。后来人们就议论说，那位老妈妈是天上的王母下凡来帮助大禹治水的。为了纪念老妈妈的功绩，人们就将她烧米汤的地方叫作"米汤庵"。

成长心语

鲧用筑堤坝来阻拦洪水的办法治理黄河，但是失败了。大禹没有沿用父亲的方式，而是想出了疏导的方法，把洪水引入大海中。这个故事告诉我们，不要一味地遵循过去的经验，懂得变通也是成功解决问题的重要因素之一。

名人访谈

晏子先生,世人都知道您的口才特别好,请问您这是天生的吗?

哪有什么天生的口才啊!没有人一生下来就能说会道。

那您的口才是怎样炼成的呢?可以传授一下经验吗?

非常乐意!我认为首先得博览群书,增加自己的知识储备,增长见识。

做到这些就够了吗?

具备了这些条件以后,还要善于倾听别人说话,找出可以反击对方的点。

您的这些经验太重要了,我要一字不落地告诉同学们。

008　**最无奈的事**:经常劝谏国君,但忠言逆耳,他们很少能听进去。

故事再现

晏子使楚

——选自《晏子春秋》

晏子使楚。楚人以①晏子短②，为小门于大门之侧而延③晏子。晏子不入，曰："使狗国者，从狗门入；今臣使楚，不当从此门入。"傧（bīn）者④更道，从大门入。

需要知道的意思

① 以：因为。② 短：短小，这里指人的身材矮小。③ 延：请。
④ 傧者：专门迎接招待宾客的人。

译文

晏子出使楚国。楚人因为晏子身材矮小，就在大门的旁边开了一个小门请晏子进去。晏子不进去，说："出使狗国的人，从狗洞进去；今天我出使楚国，不应该从这个门进去。"迎接宾客的人带晏子改从大门进去。

南橘北枳（zhǐ）

晏子将要出使楚国。楚王听说这消息后，对身边的人说："晏子是齐国善于辞令的人，现在他要来出使楚国，我想趁机羞辱他，该用什么办法呢？"身边的人回答说："等他到来的时候，请让我捆绑一个人带到您面前。那时您就问：'这人是干什么的？'我回答说：'他是齐国人。'您再问：'他犯了什么罪？'我回答说：'犯了偷盗罪。'"楚王觉得这个主意不错。

　　晏子到了楚国，楚王摆酒席招待晏子，就在他们喝酒喝得正畅快的时候，突然两个官吏捆着一个人来到楚王跟前。楚王假意问道："捆着的人是干什么的？"官吏回答说："是齐国人，

最气愤的事：出使楚国的时候，被楚国人嘲讽个子矮小。

犯了偷盗的罪。"楚王看着晏子说:"齐国人难道本来就善于偷盗吗?"晏子离开座位,严肃地回答说:"我听说橘树生长在淮河以南就是橘树,生长在淮河以北就变成枳树,它们叶子相似,但果实味道不一样。为什么会这样呢?是因为水土不一样。现在这人在齐国不偷盗,进入楚国就偷盗,难道是楚国的水土使人变得易于偷盗吗?"楚王尴尬地笑着说:"圣贤的人是不能跟他开玩笑的。我反而遭到了羞辱。"

成长心语

晏子作为使臣受到楚王的暗讽和捉弄,但是他不卑不亢,不急不躁,运用自己的聪明机智和好口才三言两语就回击了对方。当我们遇到类似的情况时,不妨学一学晏子,机智勇敢地反击。

庄子

逍遥自在"老神仙"

本名：庄周

身份：思想家、哲学家、文学家

朝代：战国时期

代表作：《逍遥游》《齐物论》

生卒年：约前369—约前286年

名人访谈

庄子先生,您好!您在文学、思想方面都有很深的造诣。能说说您为什么能取得这么大的成就吗?

道理很简单,因为我不会被外界的事打扰,能专心地研究学问。

有人请您做官,您也不去吗?

不去!再大的官在我眼里都是臭老鼠,我一点儿也不稀罕。

那您每天都读书做研究,不会觉得枯燥吗?

怎么可能枯燥?书中有那么多有趣的故事,我脑子里有那么多想法,简直其乐无穷!

听了您的话,我好像突然明白了什么。谢谢您,庄子先生!

蕴含逍遥自由思想的句子:日出而作,日入而息,逍遥于天地之间而心意自得。

> 故事再现

庄子与惠子①游于濠（háo）梁之上

——选自《庄子》

庄子与惠子游于濠梁之上。庄子曰："鲦（tiáo）鱼②出游从容，是鱼之乐也。"惠子曰："子非鱼，安③知鱼之乐？"庄子曰："子非我，安知我不知鱼之乐？"惠子曰："我非子，固不知子矣；子固④非鱼也，子之不知鱼之乐，全⑤矣！"庄子曰："请循⑥其本。子曰'汝安知鱼乐'云者，既已知吾知之而问我。我知之濠上也。"

激励人珍惜时光的句子：人生天地之间，若白驹之过隙，忽然而已。

需要知道的意思

① 惠子：惠施，庄子好友。② 鲦鱼：一种白色小鱼。③ 安：怎么，哪里。④ 固：本来。⑤ 全：完全，肯定。⑥ 循：追溯。

译文

庄子和惠子一起在濠水的桥上游玩。庄子说："鲦鱼在河水中游得多么悠闲自得，这是鱼的快乐。"惠子说："你不是鱼，怎么知道鱼的快乐呢？"庄子说："你不是我，怎么知道我不知道鱼的快乐呢？"惠子说："我不是你，固然不知道你是否知道鱼的快乐；你本来不是鱼，你也就不知道鱼的快乐，这是可以完全确定的。"庄子说："让我们追溯话题本源，你说'你哪里知道鱼的快乐'这句话时，就说明你很清楚我知道鱼的快乐才来问我的。我是在濠水的桥上知道的。"

淡泊名利的庄子

庄子，战国中期道家学派的代表人物，庄学的创立者，与老子并称"老庄"。庄子的散文在先秦诸子中独具风格，大量采用并虚构寓言故事，想象奇特，形象生动，能把微妙难言的哲理说得引人入胜。其代表作品为《庄子》，里面的名篇有《逍遥游》《齐物论》《养生主》等。

庄子除做过漆园吏以外，再没有做过其他的官。据《杂篇·秋水》记载，楚威王曾派人邀请庄子担任楚国宰相。庄子说，他宁做泥里嬉戏的活乌龟，也不愿意做庙堂用以卜卦的死龟。于是，他拒绝了楚威王的邀请。

惠施与庄子是好朋友，后来惠施到梁国做官，担任宰相一职。一次，庄子前去梁国看望惠施。有人知道这个消息后，就告诉惠施，说："庄子的才华和名气都很大，他这次来恐怕是

要代替你做梁国的宰相的。"

惠施于是下令搜寻庄子，一直找了三天三夜。庄子得知后，主动去见惠施，对他说："我听说南方有一种鸟，从南方飞到北海，一路上遇不到梧桐树不休息，不是竹子的果实不吃，不是甘甜的泉水不喝。有一只猫头鹰碰到一只腐烂的耗子，见这种鸟从它头顶飞过时，便张开翅膀护着耗子，发出怒斥声。如今，你也想用梁国的相位来恐吓我吗？"

说完，庄子拂袖而去。一国之相对庄子而言，如同一只腐烂的老鼠。庄子一生潜心发展道家学说，对世俗名利视若浮云。他主张修身养性，清静无为，顺应自然，追求精神逍遥自在，一直过着深居简出的隐居生活。

成长心语

淡泊名利，不被外界环境干扰，一心一意地做自己喜欢的事。这个道理说起来简单，真正能够做到的却很少。庄子不是对世事不闻不问，而是有一种超然物外的大智慧，对自我有着清醒的认知。

揭示认知差距的句子：井蛙不可以语于海者，拘于虚也；夏虫不可以语于冰者，笃于时也。

名人访谈

孙膑先生,听说您遭受膑刑是因为庞涓?

这件事一说起来就让人痛心。我们本是同窗,想不到他竟会这样迫害我!

那么您又是怎么来到齐国的呢?

这得感谢齐国使者的帮助。

后来,您就辅佐齐国大将田忌两次击败庞涓。您不愧是伟大的军事家,我佩服得五体投地!

军事说到底也是一种谋略和智慧,人数的多寡、武力的强弱都只是决定战争胜败的因素之一,战略与战术也同样重要。

很有道理,晚生受教了。

020　**最高兴的事**:两次击败庞涓,奠定齐国的霸业。

故事再现

田忌赛马

——选自《史记》

忌数（shuò）①与齐诸公子驰逐②重射③。孙子见其马足不甚相远，马有上、中、下辈。于是孙膑谓田忌曰："君弟④重射，臣能令君胜。"田忌信然之，与王及诸公子逐射千金。及临质⑤，孙膑曰："今以君之下驷（sì）与彼上驷，取君上驷与彼中驷，取君中驷与彼下驷。"既驰三辈毕，而田忌一不胜而再胜，卒⑥得王千金。于是忌进⑦孙膑于威王。威王问兵法，遂以为师⑧。

需要知道的意思

① 数：形容次数多。② 驰逐：赛马。③ 重射：下很大的赌注。④ 弟：只管。⑤ 临质：临近比赛的时候。⑥ 卒：最后。⑦ 进：推荐。⑧ 师：军师。

> 译文

田忌经常与齐国众公子赛马,下很大的赌注。孙膑发现他们的马脚力都差不多,可分为上、中、下三等。于是孙膑对田忌说:"您只管下大赌注,我能让您取胜。"田忌相信并答应了他,与齐王和众公子用千金来赌。临近比赛的时候,孙膑说:"现在用您的下等马对付他们的上等马,拿您的上等马对付他们的中等马,拿您的中等马对付他们的下等马。"这样三场比赛后,田忌一场败而两场胜,最终赢得齐王的千金赌注。于是,田忌向齐威王推荐了孙膑。齐威王向孙膑请教兵法后,就请他担任了军师。

田忌与孙膑

　　田忌,生卒年不详,妫姓,田氏(也作陈氏),名忌,字期,又叫期思,封于徐州〔今山东省滕(téng)州南〕,故又称徐州子期。他是战国初期齐国著名的战将,深受齐威王的信赖和喜爱。他和孙膑在生活上是互相关心的好朋友,在军事上是不可或缺的合作伙伴。

　　公元前354年,魏国出兵攻打赵国,并且包围了赵国的都城邯郸。赵国危在旦夕,赵王急忙派出使者向齐国求救。齐国派兵相助,任命田忌为主将,孙膑为参谋,最后,孙膑以"围魏救赵"的兵法大胜,史称"桂陵之战"。

军事态度:重视、慎重地对待战争,反对穷兵黩武。

公元前341年，魏国攻打韩国，韩国也来求救于齐国。齐国答应派兵相助，仍由田忌为主将，孙膑为参谋。最后，孙膑根据魏军骄傲轻敌、急于求战而冒进的情况，提出用"减灶之计"，诱使魏军大将庞涓轻敌深入，最后庞涓被杀，齐国大胜，史称"马陵之战"。

田忌和孙膑两人合力保卫齐国，为齐国的发展和壮大作出了巨大的贡献。

成长心语

田忌赛马的故事告诉我们，要认清自己和对手的优劣势，要用自己的长处去应对对手的短处。懂得扬长避短，方能取得胜利。而田忌与孙膑的交往，让我们明白了朋友之间互相尊重、彼此信任的重要性，只有这样才能攻克一次次难关，达成一个个目标。

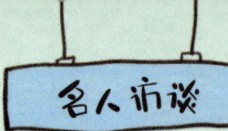

名人访谈

陈元方先生,听说您七岁的时候就敢指责父亲的朋友。这是怎么回事呢?

因为那位长辈做得太过分了。其实也不算指责,我只是向他陈述了实际情况。

哦,他做了什么过分的事呢?

他和我父亲原本约好中午一起出门,可是父亲等了他好长时间,他都没有来,于是父亲只好先离开了。没想到,他来了之后,不仅不反思自己的错误,还指责我父亲不讲信用。

这就不对了呢。

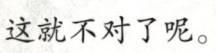 

是啊!明明是他不讲信用,却反过来指责我的父亲。

您当时那么小,就已经知道维护父亲的声誉,值得点赞!

026　**最得意的事:** 与父亲陈寔(shí)和弟弟陈谌在当时并称为"三君"。

故事再现

陈元方答客

——选自《世说新语》

陈太丘与友期①行，期日中。过中不至，太丘舍②去，去后乃③至。元方时年七岁，门外戏。客问元方："尊君在不（fǒu）④？"答曰："待君久不至，已去。"友人便怒曰："非人哉！与人期行，相委⑤而去。"元方曰："君与家君⑥期日中。日中不至，则是无信；对子骂父，则是无礼。"友人惭，下车引⑦之。元方入门不顾⑧。

需要知道的意思

① 期：约定。② 舍：舍弃，抛弃。③ 乃：才。④ 不：同"否"。⑤ 委：丢下，抛弃。⑥ 家君：谦辞，对人称自己的父亲。⑦ 引：拉，这里指友好的动作。⑧ 顾：回头看。

> 译文

陈太丘和朋友约定时间一起出行,约定时间在正午。过了正午,(朋友)没到,陈太丘就先离开了。(陈太丘)离开后,(朋友)才到。元方当时七岁,在门外玩耍。客人就问元方:"你父亲在吗?"元方回答说:"我父亲等了您很久您还未到,已经离开了。"友人便生气地说:"真不是人!和别人约定时间一起出行,却丢下别人先离开了。"元方说:"您与我父亲约定的时间在正午,正午您没到,就是不讲信用;对着孩子骂他的父亲,就是没有礼貌。"朋友感到很惭愧,下车去拉元方。元方头也不回地走进了家门。

难(nán)兄难(nán)弟

东汉时期,颍川有个叫陈寔(shí)的县令,办案公正,深受百姓爱戴。因此,陈寔在家乡具有很高的威望。陈寔有两个儿子,大儿子叫陈元方,小儿子叫陈季方。兄弟俩都是朝廷官员,德行甚佳。当时豫州的城墙上都画着他们父子三人的画像,号召百姓学习他们的品德。

陈元方和陈季方分别有一个儿子,陈元方的儿子叫陈长文,陈季方的儿子叫陈孝先。有一天,长文和孝先在一起谈论父辈的人品修养谁高谁低,他们都极自豪地夸耀各自父亲的功德品

行，觉得自己父亲是最好的，因此争论得不可开交。

　　这两个孩子争论不出结果，便一起去找爷爷评理。陈寔听了两个孙子的争论，哈哈大笑。陈寔很清楚两个儿子的长处：陈元方智德俱佳，陈季方才识广博。他认为陈元方和陈季方都是品学兼优的人，于是感叹道："元方难为弟，季方难为兄！"意思是兄弟两人的才华和学识相当，元方好得做他弟弟难，季方好得做他哥哥难。后来用"难兄难弟"形容兄弟都非常好，难分高下。

成长心语

　　做人要讲信用，答应了别人的事就一定要做到。陈元方7岁的时候就懂得这个道理，他严格要求自己，一生为人坦率真诚。我们也应该从小就养成诚实守信的美好品德，做到言而有信。

黄琬

命途多舛的乱世人才

籍贯：今湖北省安陆市

字：子琰

生卒年：141—192年

朝代：东汉

爵位：阳泉乡侯

特点：聪慧善辩

名人访谈

黄琬先生,您好!听说您小时候就被任命为童子郎,请问童子郎是个官职吗?

不是官职,是汉魏时期帝王赐给通晓儒经的小孩子的称号。

那也很光荣啊,您为什么要拒绝呢?

我爷爷当时担任司徒一职,因为我是三公的子孙才被授予了童子郎的称号,我不觉得这有多光彩。

原来您是这样想的啊,真了不起!

荣耀要靠自己争取,依靠别人得到荣誉不是真本事。

032　**最有骨气的事:** 小时候被任命为童子郎,但果断拒绝了。

故事再现

黄琬巧对

——选自《后汉书》

黄琬幼而慧。祖父琼，为①魏郡太守。建和②元年正月日食，京师③不见而琼以状闻。太后诏问所食多少。琼思其对而未知所况。琬年七岁，在旁，曰："何不言日食之余如月之初？"琼大惊，即以其言应④诏，而深奇爱之。

> 需要知道的意思

① 为：担任。② 建和：汉桓帝年号。③ 京师：京城。这里指洛阳。④ 应：回答。

> 译文

黄琬小时候很聪明。祖父黄琼担任魏郡太守。建和元年正月发生了日食，京城看不见日食，黄琼就把听见的情况报告了朝廷。皇太后召见他，询问太阳被遮蔽了多少。黄琼思考如何回答太后的询问但又不知怎样说清。黄琬当时七岁，在一旁说道："为什么不说日食剩下的部分像刚出来的月亮？"黄琼很是吃惊，立即按照黄琬的话回复了皇太后，并且认为黄琬十分特别，很喜爱他。

盛允去疑

黄琬是东汉桓帝时大司空（官名，三公之一）黄琼的孙子。自从黄琬智说日食、拒封童子郎的事传出后，其名声震惊了整个京师，但司空盛允心中存疑。他认为黄琬不过是个孩子，不会有什么大能耐。

某年,盛允因病在家休息,满朝文武官员纷纷前去探望。黄琼知道后,便让孙子黄琬代表他前去探望。

黄琬来到司空府,见到盛允,急忙跪地说:"祖父得知大人有疾,深感不安。但因年老体弱,又偶感风寒,不能亲自前来问候,特派孙儿黄琬代为探望。黄琬在这里代祖父向大人请安,祝大人早日康复,福寿无疆!"

盛允本想借此机会挑一挑黄琬的毛病,但听了黄琬的一番话后,觉得这孩子言语得体,不失礼数。恰在这时,江夏蛮人

反叛的奏本送到了盛允手上。盛允看后，便借机说道："我刚收到一份奏报，上面说江夏蛮人作乱。如此看来，你们江夏这个地方，虽然是个大邦，但是蛮人太多了，素质太差，所以才会发生作乱这种事。"黄琬不动声色地说道："蛮夷扰乱华夏，责任都在司空身上。"说完，转身就走了。

经过这件事后，盛允觉得黄琬是个有胆量的人，对他的才华有了更深刻的认识，从心里感到佩服。

成长心语

故事中黄琬另辟蹊径，巧妙地回答了皇太后的问题，这告诉我们，思考问题时不能拘泥于固有的思维，换个角度说不定会有不同的发现呢！

曹操

乱世枭雄

小名：阿瞒、吉利

朝代：东汉末年

字：孟德

生卒年：155—220 年

身份：曹魏政权的奠基人

代表作：《观沧海》《龟虽寿》

名人访谈

曹操先生，您好！您在带兵打仗的过程中，遇到过什么困难吗？

这太多了，就说那年夏天吧，我带着士兵们走了很远很远的路，大家的水都喝完了，荒山野岭又找不到新的水源，都渴坏了。

哎呀，那情况可真糟糕啊！

是啊！士兵们一个个东倒西歪的，都走不动了。

这可怎么办啊？

我灵机一动，想起了酸溜溜的梅子，于是指着前方，大声喊道："前面有一大片梅树林子。"结果，士兵们真的来了精神，并最终找到了水源。哈哈……

最大的爱好：研究兵法。

故事再现

望梅止渴

——选自《世说新语》

魏武①行役②，失汲（jí）道③，三军④皆渴，乃令曰："前有大梅林，饶⑤子，甘酸可以解渴。"士卒闻之，口皆出水，乘此得及前源。

最不愿意提起的事：在赤壁大战中惨败。

需要知道的意思

① 魏武：指曹操。② 行役：带部队行军。③ 汲道：取水的地方。④ 三军：全军。⑤ 饶：富足，多。

译文

曹操率领部队行军，找不到取水的地方，士兵们都渴得厉害，于是他传令道："前边有一片梅树林子，那里果实非常多，梅子酸甜可口，可以用来解渴。"士兵听说后，顿时嘴里都流出了口水，他们利用这个办法才得以到达前面的水源地。

孟德献刀

大司徒王允心怀旧主，一心想除掉奸贼董卓，但苦于没有良策。一天，他以寿辰的名义设宴款待朝中大臣，实际上是召集一群忠义之士来商讨擒拿董卓的计策。宴席上，王允痛陈董卓的不仁不义。众人听后，都气愤不已，纷纷痛哭起来。只有曹操一人放声大笑，嘲笑众人不去想对策，反在此哭哭啼啼。大司徒王允于是单独见了曹操。曹操告诉王允，他想借其七宝刀，入相府刺杀董卓。王允感佩曹操的胆量，于是取出宝刀，交给了曹操，方便他行事。

第二天，曹操佩着宝刀，来到相府。董卓问他为什么来迟了，曹操说因为自己的马太瘦弱跑不快，所以来迟了。董卓便命吕布去挑选一匹从西凉运来的好马，赐予曹操。吕布离去后，曹操见董卓面向内侧身躺于榻上，打算趁机刺杀。可正拔刀间，

董卓见衣镜之中有刀光闪过，立即惊醒起身。此时，恰逢吕布也回来了，曹操灵机一动跪地捧刀说："操有宝刀一柄，献上恩相。"董卓接过来一看，果然是把好刀，便递给吕布收了。曹操又解下刀鞘交付给吕布，出去牵着吕布为他挑选的好马趁机逃出相府，然后加鞭向东南驰去。曹操走后，吕布和董卓才怀疑刚才曹操有行刺的迹象。

成长心语

曹操急中生智，借用一片梅林，激励士兵们渡过难关；刺杀董卓眼看就要露馅的时候，马上想到了献刀这一招。这些事情充分说明，曹操不但有勇有谋，而且能随机应变，不愧是乱世枭雄！

曹冲

曹家机敏小神童

生卒年：196—208年

字：仓舒

朝代：东汉末年

身份：曹操的儿子

人物特点：善良、聪明

名人访谈

曹冲，你好！请问你称象的时候是几岁呀？

还不到六岁。

啊！那么小就想到了称大象的好办法，真了不起！可是，你是怎样想到这种巧妙的方式的呢？

大象太重了，我们根本没有那么大的秤去称量它。于是，我就想到了船，船依靠水的浮力，能把大象托起来。若能称出同样重量的其他物体，大象的重量自然也就知道了。

这个办法简直太棒了。

过奖，过奖！不过，大家都夸我是小神童呢。

最让人惊叹的事： 五六岁的时候，就能想出称象的方法。

> 故事再现

称 象

——选自《三国志》

　　冲少聪察①，生五六岁，智意所及，有若成人之智。时孙权尝致②大象，太祖③欲知其斤重，访之群下，咸莫能出其理④。冲曰："置象大船之上，而刻其水痕所至，称物以载之，则校（jiào）⑤可知矣。"太祖大悦，即施行焉。

> 需要知道的意思

① 聪察：聪明，善于观察。② 致：送。③ 太祖：这里指曹操。④ 理：解决问题的道理、办法。⑤ 校：同"较"，比较。

> 译文

曹冲小时候很聪明，并且善于观察，到五六岁时，其知识和判断能力可以比得上成年人。当时孙权送来一头大象，曹操想要知道这头象的重量，就询问下属，却没一个人能想出称象的办法。曹冲说："把大象放到大船上，在水位线处刻上标记，再称相同重量的东西放上去，通过比较就能知道结果了。"曹操听了很高兴，立即下令照做了。

曹冲智救库吏

东汉末年，曹操执掌大权，他严明法纪，对犯错的部下惩罚力度很大。一次，曹操的马鞍放在仓库里，被老鼠啃破了几处，这让管理仓库的官吏非常害怕，担心会因此送命。他惶恐不安，成天心惊胆战的。

恰巧曹冲知道了这件事，他认真想了想，然后对管理仓库的这个官吏说："三天之后，你再去请罪吧。"接着，曹冲便把自己的衣服弄破了几处小洞，看上去很像老鼠啃食的。他装作闷闷不乐的样子去见曹操，曹操问其原因，曹冲说："我听说衣服等物被老鼠啃食，会给主人带来厄运。"曹操当即便说："那都是胡说，根本不会有这样的事。"

三天后，管理仓库的官吏向曹操报告了马鞍的事，曹操正准备大发雷霆，忽然想起了曹冲衣服的事情，当即消了气，说："我儿子的衣服也被老鼠啃食了，并没有什么影响，何况是放在仓库里的马鞍呢。"官吏因此躲过了一劫。

成长心语

当看管仓库的官吏遇到麻烦的时候，曹冲运用自己的聪明才智，帮他成功躲过一劫。这个故事让我们看到，曹冲不仅从小聪慧，还有一颗仁慈之心。

钟会

才华横溢的三国名将

字：士季

生卒年：225—264 年

籍贯：今河南省长葛市

身份：魏国军事家、书法家

特长：模仿别人的笔迹

父亲："楷书鼻祖"钟繇（yáo）

名人访谈

钟会先生，您好！您是三国时期大名鼎鼎的人物，您觉得您的名望和家人有关系吗？

你说的是我父亲和我哥哥吧？

没错，我们都知道您父亲是大书法家，您哥哥也是有名的大臣。

他们的名气的确都很大，但我如今所取得的成就离不开自己的努力。

您是怎样做的呢？

从小就刻苦学习，让自己变得多才多艺。

原来是这样啊！看来是我误会您了，我向您道歉。

最自豪的事： 生在名门望族，父亲和哥哥都是历史上的名人。

故事再现

汗不敢出

——选自《世说新语》

钟毓（yù）、钟会少有令誉①。年十三，魏文帝闻之，语（yù）②其父钟繇曰："可令二子来。"于是敕（chì）见③。毓面有汗，帝曰："卿面何以汗？"毓对曰："战战惶惶④，汗出如浆。"复问会："卿何以不汗？"对曰："战战栗栗，汗不敢出。"

需要知道的意思

① 令誉：美名，荣誉。② 语：告诉，对……说。③ 敕见：皇帝下令接见。④ 战战惶惶：害怕得发抖的样子。

译文

钟毓和钟会在少年时期就有美好的声誉。这两个孩子十三岁时，魏文帝曹丕听说了他们的聪慧名声，就对他们的父亲钟繇说："可以让这两个孩子来见我。"于是（二人）奉旨觐见。钟毓脸上冒出了汗水，魏文帝问："你的脸上为什么出汗了呢？"钟毓回答："由于恐惧慌张，害怕得发抖，所以汗水像水浆一样流出。"魏文帝又问钟会："你为什么不出汗？"钟会回答："由于恐惧战栗，害怕得发抖，所以汗水不敢冒出。"

"楷书鼻祖"钟繇

钟繇，字元常，著名书法家，其代表作品《宣示表》的真迹已不存于世。钟繇出身名门望族颍川钟氏，相貌不凡，聪慧过人，是钟毓与钟会的父亲。

最威风的事：帮助司马昭灭掉蜀汉，得以加官晋爵。

钟繇非常热衷学习书法，几乎到了痴狂的地步。据说，一次，钟繇发现韦诞座位上有蔡邕（yōng）的练笔秘诀，就向韦诞借阅，但韦诞就是不肯借给他。三番五次被拒绝，钟繇气得捶胸呕血，幸亏曹操用五粒灵丹救了他一命。

钟繇经常全神贯注地研习书法，有时躺在床上就以被子当纸，用手指在上面书写练习，结果时间一长，被子都穿破了；有时上厕所，也不忘研习书法，竟忘记出来。

钟繇在书法方面颇有造诣，推动了楷书（小楷）的发展，被后世尊为"楷书鼻祖"。他还精通篆、隶、行、草等多种书体。他曾对儿子钟会说，这都是自己多年来勤学苦练的结果。除此之外，他也多方拜师，与其他书法高手切磋。

东晋大书法家王羲之等人都曾经潜心钻研他的书法，南朝著名书法理论家庾肩吾将钟繇的书法列为"上品之上"，唐朝著名书法家张怀瓘（guàn）在《书断》中则评其书法为"神品"。

成长心语

面见魏文帝，钟毓和钟会都很紧张，但他们的表现却不一样。最后，兄弟两人都通过巧妙幽默的回答化解了难题。这个故事告诉我们，说话也是一门艺术，一门需要好好研习的学问。

诸葛恪(kè)

少有才名的东吴权臣

生卒年：203—253 年

籍贯：今山东省沂南县

叔父：诸葛亮

身份：东吴名将、丞相

特点：聪明伶俐

名人访谈

诸葛恪先生，听说孙权陛下曾赏赐了您一头驴，请问这是怎么一回事呢？

一次，陛下在会见大臣的时候，命人牵来一头驴，而我父亲的脸比较狭长，他们就开了个玩笑，在驴上贴了我父亲的名字。

当时您父亲一定尴尬极了。

是啊，这时候我就站出来做了一件事。

什么事呢？您能跟我们分享一下吗？

哈哈，说起来很简单，我拿起笔在我父亲名字后面加了两个字——"之驴"。

啊，您可太机智了！

最无奈的事：体格肥胖。

> 故事再现

诸葛恪得驴

——选自《三国志》

诸葛恪字元逊，瑾（jǐn）①长子也。恪父瑾面长似驴。孙权大会群臣，使人牵一驴入，长检其面，题②曰："诸葛子瑜。"恪跪曰："乞③请笔益④两字。"因⑤听⑥与笔。恪续其下曰："之驴。"举⑦坐⑧欢笑，乃以驴赐⑨恪。

需要知道的意思

①瑾：诸葛瑾，字子瑜。三国时吴国大臣，诸葛亮之兄。②题：写。③乞：请求。④益：增加。⑤因：于是。⑥听：听从。⑦举：全，都。⑧坐：同"座"，指座位上的人。⑨赐：赐给。

译文

诸葛恪，字元逊，是诸葛瑾的长子。诸葛恪的父亲诸葛瑾面孔狭长，这像驴的面孔。孙权会见朝臣时，派人牵一头驴进来，在驴的脸上贴了一张长标签，写着：诸葛子瑜。诸葛恪跪下来说："我乞求大王让我用笔增加两个字。"于是，孙权听从了他，给了他笔。诸葛恪接下去写了"之驴"两个字。在座的人都笑了，孙权就把这头驴赐给了诸葛恪。

智对张昭

诸葛恪是三国时期吴国名臣诸葛瑾的长子，从小聪明伶俐，口才极好。孙权非常欣赏诸葛恪，他对诸葛瑾说："人说蓝田生玉，如今看来，真是一点儿也不假。"孙权话里的意思是，只有诸葛瑾这样的名门世家,才能培养出像诸葛恪这样优秀的孩子。

一次,孙权让诸葛恪依次给大家斟酒。可是张昭因为已经有了几分醉意,不肯再喝了,便对诸葛恪说:"你这样的劝酒方式,恐怕不符合尊敬老人的礼节吧?"

孙权知道张昭的心意,便故意对诸葛恪说:"你能不能让张公理屈词穷,喝下这杯酒呢?"

诸葛恪躬身行了一礼，自信地说："这有什么难的？"

他转过身来，笑着对张昭说："将军虽然高寿，但恐怕比姜太公还要小得多吧？想当年姜太公九十岁时，依然高举白旄（máo），手持兵器，指挥部队作战，更不要说告老退休了。如今，陛下英明仁爱，尊老敬贤。战场上冲锋陷阵这类的事情，将军您跟在后边；而聚会饮宴之类的事情，将军您却总被请到前面，这难道还叫不够尊敬老人吗？"

张昭听后，觉得很难反驳，只好喝了那杯酒。

成长心语

在生活中，我们也经常会遇到一些棘手的问题，这时不妨学一学诸葛恪，动动脑筋，机智灵活地去应对。这样一来，既能巧解危机，也能赢得别人的尊重。

王戎

放纵不羁的真名士

字：濬冲

身份："竹林七贤"之一

朝代：魏晋时期

特长：书法

生卒年：234—305 年

代表作：《华陵帖》

名人访谈

王戎先生，您好！听说您小时候，有次看到道旁有几棵李子树，树上结满了李子，小伙伴们都抢着摘，您却不摘。这是怎么回事呢？

因为那些李子都是苦的呀。

您是怎样判断出来的呢？

很简单，李子树长在路边，要是结出的李子很甜，早就被人们摘完了。可是你看那树上果实累累，肯定是太苦涩了哟。

有道理啊！您从小就这么聪明，佩服！

我这个人就是喜欢观察和思考，所以大家才觉得我很机灵，哈哈……

最淡定的时刻： 六七岁时，看见猛兽在栅栏里嘶吼，一点儿也不害怕。

故事再现

道旁苦李

——选自《世说新语》

王戎七岁，尝①与诸小儿②游，看道旁李树多子折枝③，诸儿竞走④取之，唯戎不动。人问之，答曰："树在道旁而多子，此必苦李。"取之信然⑤。

需要知道的意思

① 尝：曾经。② 诸小儿：小伙伴们。③ 折枝：树枝被果实压弯。④ 竞走：争着跑过去。⑤ 信然：真是这样。

译文

王戎七岁的时候，曾经与小伙伴们一起玩耍，看到道路边有一棵李子树，树上的果实多得都压弯了树枝。小伙伴们争着跑过去摘取李子，只有王戎站着不动。有人问他（不跑去摘李子）原因，他说："这棵李子树生长在道路边，却有如此多的果实，这一定是苦的李子。"小伙伴摘下来一尝果真是这样。

竹林七贤

魏晋之际，曹丕篡（cuàn）汉，司马炎篡魏，政治环境险恶。在山阳（今河南省修武县）的嵇（jī）公竹林里，聚集着一群文士，他们谈玄清议，吟咏纵酒，基于对世事的共同感受和对自身生命的忧虑，共结为"竹林之游"。他们就是被称为"竹林七贤"

的嵇康、阮籍、山涛、向秀、刘伶、阮咸和王戎。

嵇康虽仪容出众，却不修边幅。他崇尚老庄，注重养生，著有《养生论》。后来，他因替朋友仗义执言而被陷害处死，行刑当日嵇康轻抚一曲《广陵散》，叹道："可惜啊，此曲日后要失传了。"而后，从容赴死。阮籍三岁丧父，家境清苦，但他天赋异禀，八岁就能写文章。少年时期，他酷爱研习儒家的诗书，同时也表现出不慕名利、安贫乐道的高尚品格。山涛是

"竹林七贤"中最年长的一位，早年孤贫，喜好老庄学说，四十岁时才入仕途。山涛曾举荐嵇康做官，但是嵇康不仅拒绝了，还要与山涛"绝交"。阮咸是阮籍的侄子，叔侄二人被时人并称为"大小阮"。他与阮籍一样狂放不羁。阮咸妙解音律，善弹琵琶，是当时著名的音乐家。有一种古代琵琶即以他的名字命名。王戎出身高贵，是"竹林七贤"里年龄最小的一位，自幼聪颖。

"竹林七贤"个个才华出众，成为魏晋时期的一个文化符号。他们是那个动荡时代里的风流名士，也是不折不扣的真性情典范。

成长心语

一棵李子树长在路边，其他小伙伴看见了就上树采摘，只有王戎认真观察并思考判断，这就是他从小聪慧的原因。无论是在生活中还是在学习上，我们都应该学习王戎勤思的精神。

孙亮

年少有为的小皇帝

字：子明

朝代：三国时期

身份：东吴第二代皇帝

生卒年：243—260 年

主要事迹：计除权臣

名人访谈

您好！人们都说您有一双慧眼，能识别奸臣和好人，这是真的吗？

人们这样说，可能是因为那次老鼠屎的事件吧！

老鼠屎？这又是怎么回事呢？

那天，我想用蜂蜜来蘸生梅吃，却发现蜂蜜里有粒老鼠屎，太监和看管仓库的官吏对这件事的说法却不一样，一时难以知道是谁在说谎。于是我把老鼠屎剖开，立刻就明白了，原来太监说的是假话。

您真厉害，轻轻松松就"破案"了。

最幸福的事：受父亲的喜爱和器重。

故事再现

孙亮辨奸

——选自《三国志》

亮①后出西苑，方食生梅，使黄门②至中藏③取蜜渍④梅，蜜中有鼠矢⑤，召问藏吏，藏吏叩头。亮问吏曰："黄门从汝处求蜜邪？"吏曰："向⑥求，实不敢与。"黄门不服⑦，侍中刁玄、张邠（bīn）启："黄门、藏吏辞语不同，请付狱⑧推尽。"亮曰："此易知耳。"令破鼠矢，矢里燥。亮大笑谓玄、邠曰："若矢先在蜜中，中外当俱湿，今外湿里燥，必是黄门所为。"黄门首服，左右莫不惊悚。

需要知道的意思

① 亮：孙亮，孙权的儿子。② 黄门：宦官，即太监。③ 中藏：宫中仓库。④ 渍：浸、蘸。⑤ 鼠矢：老鼠屎。⑥ 向：从前。⑦ 服：认罪。⑧ 狱：审理案件的部门。

> 译文

　　孙亮从西苑走出来,想要吃生梅,就派太监到宫中仓库里去拿蜂蜜来蘸生梅。(孙亮)发现蜂蜜中有老鼠屎,就召见并责问管理仓库的小吏,管理仓库的小吏吓得只是叩头。孙亮询问小吏说:"太监从你那里要过蜂蜜吗?"小吏说:"以前要过,我确实不敢给他。"太监不认罪,侍中刁玄、张邠启奏说:"太监、管理仓库的小吏说的话不一样,请交给审理案件的部门详细审问。"孙亮说:"这件事很容易了解清楚。"(于是他)命令把老鼠屎剖开,(发现)老鼠屎内部干燥。孙亮大笑着对刁玄、张邠说:"如果老鼠屎原先就在蜜中,里外应该都是潮湿的,现在是外面潮湿里面干燥,这一定是太监做了手脚。"太监磕头认罪,孙亮的近臣没有不震惊恐惧的。

少年天子

赤乌十三年（250年），孙权将小儿子孙亮立为皇太子。此时的孙亮年仅八岁，但是他从小聪明过人，行为举止都和成人一样有礼有节，朝中大臣对孙亮十分看好。

建兴元年（252年），孙权驾崩，年仅十岁的孙亮登基为帝。孙亮在以前的基础上开始改革朝政，组建了全新的官僚机构。他任命诸葛恪为太傅，滕胤为卫将军，上大将军吕岱为大司马，朝中其他文武官员也得到了加官晋爵，就这样他得到了众人的支持，统治逐渐稳固下来。

太平二年（257年），孙亮实现了亲政，那一年他十五岁。这时候的朝政大权实际上被大将军孙綝（chēn）掌控着，孙亮虽然不满，但也没有办法，只能处处忍耐。他经常查阅孙权时期的故事，对身边的亲信们说："先帝多次有手诏过问国家大事，现在大将军过问国家大事，只不过叫我照着写罢了。"

作为一国之君怎么能够接受这样的侮辱呢？于是他便在暗地里谋划铲除奸臣。他先是召集了一大批十五岁以上、十八岁以下的少年，选拔将军门第出身的杰出子弟作为他们这些人的统帅，建立了一支军队，并牢牢地掌控在自己的手中。后来，通过其他旧臣的支持，孙亮尝试将孙綝踢到了朝堂的边缘地位，一度实现了亲政。

成长心语

孙亮从小聪明过人，知道善恶忠奸，十岁登基当上皇帝后更是懂得用计谋扫除权臣。我们为这个少年天子的结局而惋惜，也深深感叹于他的勇气和智慧。

谢道韫(yùn)

东晋咏絮才女

字：令姜

朝代：东晋

籍贯：今河南省太康县

身份：著名女诗人、东晋宰相谢安的侄女

代表作：《泰山吟》

名人访谈

您出身名门,能给我们讲讲您家族里的趣事吗?

我觉得一家人聚在一起谈论诗文就是乐事一桩,我的叔父谢安就经常给我们讲解文章的义理。

真的太羡慕这样的家庭氛围了!有没有让您特别难忘的一次经历呢?

那年外面正下着大雪,叔父就问我们纷纷扬扬的雪花像什么。我一下子就想到了春季里的柳絮,于是脱口而出"未若柳絮因风起"。

这个比喻真是妙极了!把雪花比喻成柳絮,有一种轻灵飘逸的美感,又说明了雪下得大。您一定读了很多书吧?

没错,我是在书香的浸润下长大的。如果你们想写出好文章,也需多读书啊!

最自豪的事: 成为和班昭、蔡琰等齐名的才女。

故事再现

咏 雪

——选自《世说新语》

谢太傅①寒雪日内集②，与儿女讲论文义③。俄而④雪骤，公欣然曰："白雪纷纷何所似⑤？"兄子胡儿⑥曰："撒盐空中差可拟。"兄女曰："未若⑦柳絮因风起。"公大笑乐。即公大兄无奕女，左将军王凝之妻也。

最傲人之处：不仅擅长诗文，还具有很高的思辨能力。

075

需要知道的意思

① 谢太傅：谢安。② 内集：把家里人聚集在一起。③ 文义：文章的义理。④ 俄而：不久，一会儿。⑤ 何所似：像什么。⑥ 胡儿：谢安次兄谢据的长子，谢朗。⑦ 未若：不如，不及。

译文

谢安在寒冷的雪天把家人聚集在一起，给小辈们讲解文章的义理。不久，雪下得大了，谢太傅高兴地问："纷纷扬扬的白雪像什么呢？"谢安哥哥的长子谢朗说："在空中撒盐大体可以相比。"另一个哥哥的女儿说："不如比作柳絮乘风而起。"谢太傅大笑起来。她就是谢安长兄谢奕的女儿谢道韫，左将军王凝之的妻子。

林下风气

谢道韫出生在人才济济的谢氏家族。谢家风范，在她身上展露无遗。后来，她嫁给了王羲之的次子王凝之，两人可谓门当户对。

谢道韫生活的魏晋时代，清谈成为一种风气。有的人甚至通过谈玄，多次升迁到重要官职。谢道韫对玄理也有很深的造诣。据说，她曾旁征博引，替王凝之的弟弟王献之解过围，她论辩有力，最后让客人理屈词穷。在当时，能够与谢道韫相提并论的女子只有同郡的张彤云，张彤云是张玄的妹妹，论家世自然不及谢家，论才情两人却相差无几。后来，张彤云嫁到了顾家。朱、张、顾、陆是当时江南吴郡的四大世家，张玄也常常夸自己的妹妹比得上谢道韫。

有一个叫济尼的人，常常出入王、顾两家。有人问济尼，谢道韫与张彤云谁更好一些，济尼说道："王夫人神情散朗，

故有林下风气；顾家妇清心玉映，自有闺房之秀。"二人各有所长，大家都认为这评价还算公允。

"林下风气"道出了谢道韫的个性气质。济尼实际上是称赞谢道韫神情闲雅。因此，成语"林下风气"常用来形容女子娴雅飘逸、从容大方的风度。

成长心语

谢道韫是德才兼备的奇女子，凭借着自己的品格、才情、诗文，受到世人的称赞。她的魅力不仅仅来源于背后显赫的家族，更依托于她个人的学识和修养。

王羲之

自成一家的书圣

身份：东晋书法家、右将军

字：逸少

朝代：东晋

生卒年：303—361年

代表作：《兰亭集序》《黄庭经》《乐毅论》等

名人访谈

王羲之先生，您是举世闻名的大书法家。请问怎样才能把书法写出自己的风格？

这个可不容易。以我的经验，要想把书法写出自己的风格，首先得向别人学习。

老师一直让我们临摹名家的书法。

对，临摹是入门的基础，可以帮助初学者掌握字的基本写法。但这只是第一步。

接下来应该怎么做呢？

接下来就是日复一日地练习了，而且要一边练一边思考。同时要多观察并总结不同风格的字帖。这样坚持下去，慢慢就会形成自己的风格。

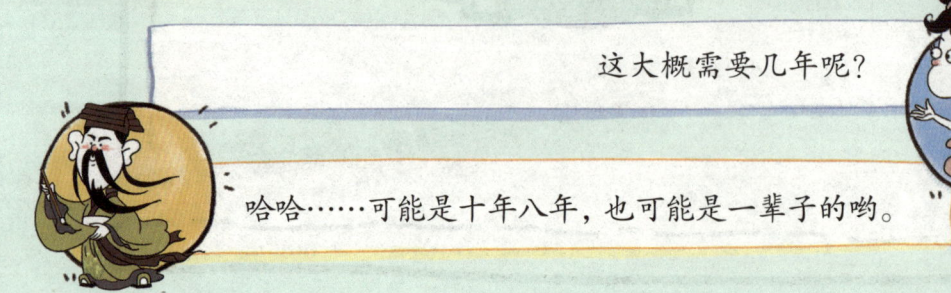

这大概需要几年呢？

哈哈……可能是十年八年，也可能是一辈子的哟。

最让人佩服的事： 在书法上的造诣非常高，被人们称为"书圣"。

故事再现

王羲之诈眠自保

——选自《世说新语》

王右军①年减②十岁时,大将军③甚爱之,恒置帐中眠。大将军尝先出,右军犹未起。须臾④,钱凤入,屏人论事,都忘右军在帐中,便言逆节之谋。右军觉,既闻所论,知无活理,乃阳⑤吐污头面被褥,诈熟眠。敦论事造半,方忆右军未起,相与大惊曰:"不得不除之。"及开帐,乃见吐唾从⑥横,信其实⑦熟眠,于是得全。于时称其有智。

需要知道的意思

① 王右军:王羲之。② 减:不足。③ 大将军:王敦,王羲之的堂伯父。④ 须臾:片刻、一会儿。⑤ 阳:表面上,假装。⑥ 从:同"纵"。⑦ 实:的确。

译文

　　王羲之还不到十岁时，王敦很喜欢他，常常让他在自己的帐中睡觉。王敦曾经先从帐中出来，王羲之还没有起来。过了一会儿，钱凤进来了，两人屏退其他人讨论大事，都忘了王羲之还在帐中，就商议起叛乱的计谋。王羲之醒来，听到他们谈论的事情后，知道自己一定没有活下去的道理，于是假装吐口水弄脏了自己的头、脸和被褥，装作仍在熟睡中。王敦事情商量到一半，才想到王羲之还没有起床，和钱凤两人一起大惊失色地说："不得不杀掉他。"等到他们打开帐子，发现王羲之的口水流得到处都是，就相信他确实还在熟睡，于是王羲之的性命得以保全。当时的人们都称赞王羲之有智谋。

羲之爱鹅

　　王羲之是琅琊临沂（今山东省临沂市）人。他的代表作品《兰亭集序》被称为"天下第一行书"。这位大书法家有一个特殊的爱好——养鹅。他认为养鹅不仅能陶冶情操，还能从观察鹅的动作形态中悟到一些书法理论。

　　有一次，王羲之外出游玩，听说有一道士养着一群品种极好的白鹅，于是想出高价购买。道士便向王羲之说："只要你肯帮我抄一部《黄庭经》，我便将白鹅送给你。"王羲之一听，

二话不说便开始奋笔疾书，然后高高兴兴地抱着大白鹅回去了。

后来，王羲之又特地为这几只鹅凿了一个养鹅池，他常常在这个养鹅池旁观察鹅的优雅动作，也常常写"鹅"这个字，希望能把鹅的形象和特点"写"出来。

"羲之爱鹅"后来被当作文人雅趣生活的体现，这个故事以前常常出现在瓷器和绘画中，用来表现文人高士的风雅清逸和超然脱俗的品性。

成长心语

王羲之是中国历史上杰出的书法家。他养鹅，不仅是为了观赏和陶冶情操，更是为了观察鹅的形态和动作，从中领悟出运笔的原理。他的钻研和创新精神，着实让人佩服。

fú
苻融

明察善断的前秦大臣

字：博休

籍贯：今甘肃

民族：氐族

主要作品：《浮图赋》

身份：大臣、文学家、政治家

名人访谈

符融先生，请问您一生中最有成就感的事情是什么呢？

我在冀州任职的时候，小偷们知道我很会断案，都不敢出来干坏事。百姓们因此得以安居乐业，晚上睡觉都不用锁门。

那您断案有什么技巧吗？

也谈不上技巧，我只是喜欢观察、思考和推断罢了。

这也很了不起呢，不是人人都具备这些能力的。

其实，如果大家遇事都能多些观察和思考，就会知道断案也不是什么难事。

最无奈的事：力劝皇兄苻坚不要讨伐东晋，苻坚不听，结果大败。

故事再现

苻融验走

——选自《晋书》

前秦①苻融，为冀州牧②。有老姥（mǔ）③遇劫于路，喝贼，路人为逐擒之。贼反诬路人，时已昏黑，莫知其孰④是，乃俱送之。融见而笑曰："此易知耳，可二人并走⑤，先出凤阳门者非贼。"既而⑥还入，融正色⑦谓后出者曰："汝⑧真贼也，何诬人乎！"贼遂服罪。盖以贼若善走，必不被擒，故知不善走者贼也。

需要知道的意思

① 前秦：晋朝末年氐族人在中国北部建立的国家。② 冀州牧：冀州的行政长官。冀州，古州名，在今河北一带。③ 姥：年老的妇人。④ 孰：谁，哪一个。⑤ 走：跑。⑥ 既而：不久。⑦ 正色：神情严肃。⑧ 汝：你。

最让人羡慕的事：又高又帅，还很有才。

译文

前秦的苻融担任冀州牧。有位老妇人在路上遇到了劫匪，她大声喊捉贼，有个过路的人替她追赶劫匪，并把贼人捉住了。贼人却反咬一口，诬赖这个过路的人是盗贼，当时天色已经昏黑，没有人知道他们哪一个人才是盗贼，于是便将他们一起送到了衙门。苻融了解案情后，笑着说："这件事很容易弄清楚，可以让两人一起赛跑，先跑出凤阳门的人就不是贼。"一会儿，他们跑完返回衙门，苻融神情严肃地对那个后跑出凤阳门的人说："你才是真正的贼，为什么诬赖别人呢！"贼人于是认罪了。原来这是因为假如贼跑得快，必定不会被过路的人捉住，所以知道跑得不快的人是贼。

远见卓识的苻融

前秦皇帝苻坚想要一举扫平在南方偏安的东晋，统一南北。对于苻坚的南下，苻融一直是持反对态度的，他觉得虽然前秦统一了北方，但内部隐患重重，如果一味穷兵黩（dú）武，必将自取灭亡。

苻融是苻坚的弟弟，容貌英俊，文武双全。据说他耳听一遍就能背诵文章，提笔即能成文。他写的《浮图赋》文辞壮丽，很受世人珍爱，可惜现在已经失传了。不满二十岁的他就以宰辅重臣的身份入朝辅政，是深受朝野瞩目的宗室新星。在任期间，苻融大力整顿刑法政令，积极启用贤才，把内外政务处理得井井有条。

最令百姓高兴的事：擅长断案，所治理的地方盗贼都不敢作案了。

不过，苻坚最终还是没有听取苻融的意见，坚持南下。

苻坚在将军慕容垂等人的劝说下，坚持认为不过睡一宿觉的时间就可以平定东晋。苻融引用老子之言"知足不辱，知止不殆"，力劝苻坚不要兴兵伐晋。苻坚不听，还批评苻融不知变通。后来，前秦在淮南大败，慕容垂等人反叛。

公元383年，前秦与东晋两军隔河对峙。最后，前秦军队受到前后夹击而溃散大败。苻融马倒被杀，前秦军大败。苻融死后，被追赠为大司马，谥号为"哀"。

成长心语

苻融通过非常简单的办法，就准确地做出了判断。这可不是他运气好，而是他平日里善于观察和思考，慢慢积累经验的结果。可见，越是简单的事，往往越能看出一个人的能力。

郑谷

"咸通十哲"之一

别称：郑鹧鸪

朝代：唐朝

字：守愚

身份：诗人

生卒年：约851—约910年

代表作：诗集《云台编》

名人访谈

郑谷先生,您"一字师"的盛名在士大夫中广为传扬,听说这和诗僧齐己有关?

那天,他带着诗作过来与我探讨。我看其中一首《早梅》写道:"前村深雪里,昨夜数枝开。"你知道我帮他改的是哪个字吗?

我才疏学浅,还请先生赐教!

哈哈,我建议他将"数枝"改为"一枝"。

用"一"替换"数",果真妙啊!这样就更能体现出诗题中的"早"字了。

看来你很有悟性,不错,后生可畏啊!

最优美灵动的诗句:移舟水溅差差绿,倚槛风摇柄柄香。

> 故事再现

一字之师

——选自《五代史补》

时郑谷在袁州，齐己因携所为诗往谒①焉②。有《早梅》诗曰："前村深雪里，昨夜数枝开。"谷笑曰："'数枝'非早也，不若'一枝'则佳。"齐己瞿（jué）然③，不觉兼④三衣⑤叩地⑥膜拜⑦。自是⑧士林⑨以谷为齐己"一字之师"。

最悲凉的诗句：相呼相应湘江阔，苦竹丛深日向西。

需要知道的意思

① 谒：拜见（地位或辈分高的人）。② 焉：语气词。③ 矍然：吃惊注视的样子，这里的意思是敬佩。④ 兼：提起，撩起。⑤ 三衣：佛教僧尼的大衣、上衣、内衣三种法衣合称"三衣"，泛指僧衣。⑥ 叩地：头触地。⑦ 膜拜：举手加额，长跪而拜，表示非常恭敬的行礼方式。⑧ 自是：从此。⑨ 士林：指众多读书人。

译文

当时郑谷住在袁州，齐己于是带着自己的诗作前去拜见。（诗作中）有一首《早梅》写道："前村深雪里，昨夜数枝开。"郑谷笑着说："'数枝'不能表现出早意来，不如用'一枝'好。"齐己惊讶不已，不由得提衣整装，举手加额长跪而拜。从此，读书人都把郑谷看作齐己的"一字之师"。

晚唐诗坛巨擘（bò）

郑谷是江西宜春人，据说7岁时就会写诗。父亲郑史也是一位诗人,郑谷从小就被培养写诗,父亲对他的教育为其以后的文学创作打下了良好的基础。

郑谷年轻时来到长安参加科举考试,但那时的唐朝官场腐败,民不聊生,科举也不再秉持公平公正的原则。郑谷考了十多年都没有考上,一身报国之才更是无处施展。

四十岁那年,郑谷终于中了进士,开始步入仕途。此时,唐朝动乱不断,唐僖宗几次被农民军或者叛军赶出京城。郑谷也跟着皇帝流浪四方。他在流亡期间,写了很多诗,被当时的人们广为传颂。五十二岁左右,他辞官归隐,写诗吟唱。不久,

忆子啼猿绕树衰
雨随孤棹过阳台
波头未白人头白
瞥见春风滟滪堆

最高风亮节的诗句:露湿秋香满池岸,由来不羡瓦松高。

朱温篡唐，唐朝灭亡，郑谷在心灰意冷中写下了著名的《下峡》：

忆子啼猿绕树哀，雨随孤棹过阳台。

波头未白人头白，瞥见春风滟滪堆。

郑谷一生作诗不下千首，诗风朴实、闲逸，多以咏物和表现士大夫的清高闲适为主。郑谷的一生，伴随着李唐王朝的余晖，徐徐落幕。一个璀璨恢宏的诗歌时代就此结束，而他是最后一颗耀眼的星星。

成长心语

郑谷只帮齐己改动了一个字，可这一字便让齐己惊叹不已。由此可见郑谷才华横溢，妙笔生花。我们既要学习齐己的谦虚好学，也要努力用知识武装自己，像郑谷一样做一个有才学的人。

司马光

著述颇丰的儒者

号：迂叟

世称：涑水先生

字：君实

朝代：北宋

生卒：1019—1086 年

主要事迹：主持编纂了编年体通史《资治通鉴》

名人访谈

司马光先生，听说您有一个用圆木头做成的枕头。用这种枕头睡觉应该不太舒服吧？

非常不舒服，稍微一动，圆木头就滚走了，我也惊醒了。

那您根本没办法好好睡觉啊！为什么不换一个舒服些的枕头呢？

我是特意使用圆木枕头的，这样才不会浪费宝贵的学习时间。

您的意思是说，您故意让自己醒来，继续读书？

没错。时光多么宝贵啊，我可不能白白浪费。

您真是刻苦学习的好榜样，我要向您学习。

最勇敢的事：手持利剑扎向巨蟒的尾巴，把巨蟒赶跑。

故事再现

破缸救友

——选自《宋史》

光生七岁,凛然①如成人,闻讲《左氏春秋》,爱之,退②为家人讲,即了其大指③。自是手不释书,至不知饥渴寒暑。群儿戏于庭④,一儿登瓮,足跌⑤没水中,众皆弃⑥去,光持石击瓮破之,水迸,儿得活。

最让人感动的事:宰相庞籍死后,尽心尽力地照顾他的家人。

需要知道的意思

① 凛然：严肃、正直的样子。② 退：返回，这里指回家。③ 大指：旨意、大意。指，同"旨"。④ 庭：庭院。⑤ 跌：失足。⑥ 弃：放弃。

译文

司马光七岁的时候，严肃的样子就像一个大人，他听到有人讲《左氏春秋》，非常喜爱，回到家后讲给家人听，竟能说出其中的大意。自此喜爱读书，手不释卷，竟达到了忘记饥渴冷暖的程度。他与一群小伙伴在庭院中玩耍，一个小孩儿爬上了瓮边沿，脚下打滑竟跌入瓮中，被水淹没，其他小孩儿都放弃营救逃跑了。司马光搬起石头砸破了瓮，瓮中的水迸流而出，那个小孩儿最终得救了。

勤学惜时

司马光小时候在私塾里上学，总认为自己不够聪明，比别人的记忆力差。为了训练记忆力，他常常要花更多的时间去记忆和背诵。每当老师讲完书上的内容后，其他同学读了一会儿便纷纷跑出去玩了，司马光则一个人留在学堂里，继续认真地朗读和背诵，直到合上书本后，能一字不差地背下来，才肯罢休。

司马光还利用一切空闲时间，比如骑马赶路的时候，或者夜里不能入睡的时候，一边默诵，一边思考。久而久之，他的记忆力越来越好，少时所学的东西，竟到了终生不忘的地步。

司马光一生都在坚持不懈地埋头学习、写作。他住的地方，摆设非常简单：一张板床、一条粗布被子、一个圆木做的枕头，除此之外就是书本了。他常常读书到很晚，读累了，就小睡一

会儿,当他睡觉翻身的时候,圆木枕头就会滚到一边,这时他便因头碰到床板上而醒来。于是,司马光就马上披衣下床,点上蜡烛,接着读书。这就是司马光要用圆木做枕头的原因。后来他把那个圆木枕头看作是有思想的东西,给它起名"警枕"。

正是凭着这种永不自满、永不懈怠的精神,司马光历时整整十九年,终于编成了《资治通鉴》这本历史巨著。

成长心语

司马光为了读书,想出了许多办法。他一生刻苦攻读,把所有的心思都用在了读书上。他对知识孜孜不倦的追求让人敬佩。

富弼

具有"王佐之才"的一代名相

别称：富文忠、富彦国、富郑公

字：彦国

朝代：北宋

生卒年：1004—1083年

身份：宰相、文学家

代表作：《富郑公诗集》

主要事迹：多次出使辽国、推行庆历新政

名人访谈

富弼先生，您好！请问怎么才能成为一位谈判高手呢？您能给我们传授几招吗？

谈判确实需要讲究技巧。首先，态度要不卑不亢，不能被对方的气势压倒。其次，要组织好自己的语言，先说什么，后说什么，重点又是什么，这些都要在心里想清楚。

嗯，这两点的确很重要，还有其他需要注意的地方吗？

说出来的话一定要有理有据，这样才能使人信服。

有道理。说话的速度是不是也不能太快呢？

没错，只有控制好自己的语速和声调，才能让人听清楚你在说什么，而且会让你显得从容不迫。

您说的这些太实用了，谢谢您！

最让人称赞的事：发生水灾时，制定救灾策略救活了30多万人。

故事再现

诟如不闻

——选自《步里客谈》

富文忠公少，日有诟①之者，如不闻。或问之，曰："恐②骂他人。"曰："斥③公名曰富某。"曰："天下安④知无同姓名者？"

最荣耀的事：成为"昭勋阁二十四功臣"之一。

需要知道的意思

① 诟：骂，辱骂。② 恐：恐怕，大概，表示推测。③ 斥：责备，斥责。④ 安：疑问词，怎么，哪里。

译文

富弼年少的时候，有一天听到有人骂他，他就像没有听见一样。有人问他，他说："恐怕是骂别人。"那人又说："那人指名道姓地斥责你。"富弼回答说："怎么就知道天下没有同名同姓的人呢？"

谈判高手

庆历二年（1042年）春天，辽国大军压境，要求大宋割地赔款才肯息兵。大宋朝廷便赶忙商议派大臣出使求和。这时，有人推荐富弼，于是富弼临危受命出使辽国。

见到辽王，富弼问："为何要出兵攻宋？"辽王回答："是你们违约在先，堵塞了关隘，所以我们只能进攻。如果你们割地求和，我们可以撤兵。"富弼正色道："我大宋封疆万里，

最让人敬佩的事：勇敢地担负起和辽国谈判的重任。

精兵百万，上下一心，若你们要用兵，能保证必胜吗？即使你们侥幸获胜，也要损伤过半，那些好战的大臣能够弥补这些损失吗？如果两国继续互通友好，大宋每年赠你们钱帛，还不都是由辽王您一人任意支配吗？"富弼接着说："至于我国堵塞关隘，本是为了防范叛军，并不是为了进攻他人。若是为了进攻，就不堵塞关隘了，而是直接打通它。"辽王觉得富弼说的都是实话。第二天，他邀请富弼一同打猎。其间，他提出一个条件：

最得意的事： 因为才华出众，成了著名文学家晏殊的女婿。

"如果能割地给辽国，则两国可长久修好。我们都以每年领受你们的钱帛为耻。"富弼马上答道："你们以得地为荣，我们必以失地为耻！想让我们割地求和，万万不能！"

面对这个既善辩又强硬的来使，辽王感到无奈，最终不再要求割地。就这样，富弼不避生死，不辱使命，只说了一番话，就打消了辽国进犯的图谋，使两国化干戈为玉帛，此后的几十年间，两国一直和平相处。

成长心语

有人辱骂富弼时，他一点儿也不在意。通过这点就可以看出，富弼是一个心胸宽广、有修养的人。做人理应像他一样宽宏大量，若事事计较，只会让自己身心俱疲，难以成事。

狄青

北宋第一名将

字：汉臣

别称：面涅将军、武曲星

谥号：武襄

生卒年：1008—1057 年

主要事迹：击败西夏军、平定侬智高之乱

名人访谈

狄青将军，战场上您勇猛杀敌，令敌人闻风丧胆，有没有觉得自己很了不起？

我一直记得自己出身寒门，保卫大宋是我的职责和本分，这没有什么了不起的。

您这种不慕功名的精神着实让人敬佩。那您觉得武将需要学习文化知识吗？

当然需要了！战场上拼的并不是蛮力。起初我也只有匹夫之勇，后来有人劝告我去学习古今历史。

这给您带来了很大的改变或是帮助吗？

是的，之后我作战变得更加厉害了。

智勇双全，您不愧为北宋一代名将！

故事再现

狄青智取昆仑

——选自《梦溪笔谈》

狄青为枢密副使，宣抚①广西。时侬智高守昆仑关。青至宾州，值上元节，令大张灯烛，首夜燕②将佐，次夜燕从军官，三夜飨（xiǎng）军校。首夜乐饮彻晓。次夜二鼓③时，青忽称疾，暂起如内。久之，使人谕④孙元规，令暂主席行酒，少服药乃出，数⑤使人劝劳座客。至晓，各未敢退，忽有驰报者云："是夜三鼓，青已夺昆仑矣。"

最勇敢的事：将士害怕西夏军而退缩的时候，自己勇敢地冲到了最前面。

◆ 需要知道的意思

① 宣抚：朝廷派遣大臣赴某一地区传达皇帝命令并安抚军民、处置事宜。② 燕：同"宴"，宴请。③ 二鼓：二更，指晚上9点到11点。④ 谕：告诉。⑤ 数：多次。

译文

狄青担任枢密副使，宣抚广南西路。当时侬智高据守昆仑关。狄青到达宾州时，正好是上元节，他下令大张灯火，第一夜宴请高级军官，第二夜宴请随从军官，第三夜犒劳军中的副官。第一夜奏乐饮宴通宵达旦。第二夜二更时分，狄青忽然说自己生病了，即刻起来进入帐中。过了很久，狄青派人告诉孙元规，要他暂且主持宴席敬酒，自己服点儿药一会儿就出来，狄青还多次派人向座上宾客劝酒。直到天快亮的时候，将校们都不敢擅自退席，忽然有人快马前来报告说："昨天晚上三更时分，狄青已经夺取昆仑关了。"

不攀名臣

狄青面有刺字，擅长骑射，人称"面涅将军"。公元1038年，李元昊叛乱，建立西夏。狄青抓住机会，争当先锋，勇猛杀敌，

最让敌人害怕的形象：披头散发，戴着铜面具。

西夏军队闻风丧胆，无人敢敌。狄青因此受到了极大的重视。公元1040年，尹洙将他引荐给了韩琦和范仲淹。范仲淹见他是个奇才，便对他谆谆教导，告诫他"将帅不知古今历史，就只有匹夫之勇"。狄青认真聆听范仲淹的教导，学习秦汉以来的将帅兵法，从此作战变得更加厉害。

狄青出身贫苦农家，祖上并没有贵官显宦的经历。即使成为名将以后，他也从未隐瞒过自己贫寒的家世。狄青晚年担任枢密使时，曾有人向狄青进献狄仁杰的画像和任职诰（gào）书，建议他追认狄仁杰为远祖。

最幸运的事：受到范仲淹的赏识和厚礼相待而开始刻苦读书，研究兵法。

狄仁杰是唐代名相，曾带领大军追击过突厥，无论在政绩上，还是在战功上，他都声名赫赫。狄仁杰是山西太原人，狄青是山西汾阳人，两人确实算得上同乡，而这也足以为狄青的英明和武功生辉增色。但狄青却断然谢绝："我出身农家，自小当兵，不过是一时机遇好而官至枢密，哪里敢攀附狄仁杰大人呢？"说着，便奉还了原物，馈赠了礼物，将那人打发走了。

成长心语

狄青出身贫寒，但是他凭借着自己的努力，一步步出人头地，最终成为让人敬仰的大将军。他的经历印证了"英雄不问出处"这句话，也激励着我们不断前进和奋斗。

最自豪的事： 多次在战场上立功，得到皇帝的赏识和重用。

丁谓

天才式人物

字：公言

封谥：晋国公

朝代：北宋

身份：宰相

生卒年：966—1037年

名人访谈

丁谓先生，听说您做一件事而完成了三项工程，这是怎么回事啊？

确有其事。那年，我奉旨修建宫殿的时候，因安排巧妙，不但把宫殿修建好了，还顺带修了条路，并把建筑用的垃圾也处理了。

您太厉害了，怪不得人们都说您是天才呢！

人人都夸我聪明，其实，我也是下了苦功夫学习的。要不然怎么可能会多才多艺呢？我可不是一出生就会弹琴画画的。

有道理。按照您的说法，我要是勤学苦练，也能成为天才吗？

非常有可能！加油！

最自豪的事： 琴棋书画样样精通，是个天才式的人物，曾被誉为"今日之巨儒"。

故事再现

一举而三役济①

——选自《梦溪笔谈》

祥符②中，禁火③。时丁晋公主营④复宫室，患取土远，公乃令凿通衢（qú）⑤取土，不日皆成巨堑（qiàn）⑥。乃决汴（biàn）水⑦入堑中，引诸道⑧竹木排筏及船运杂材，尽自堑中入至宫门。事毕，却以斥弃⑨瓦砾（lì）灰壤实于堑中，复为街衢。一举而三役济，省费以亿万计。

最得意的事：著作颇丰，写的文章得到很多人的夸奖。

需要知道的意思

① 济：成功。② 祥符：宋真宗赵恒年号。③ 禁火：皇宫中失火。④ 营：建造。⑤ 通衢：四通八达的道路。⑥ 堑：壕沟，这里指取土时形成的深沟。⑦ 汴水：河流名。⑧ 诸道：这里指各地。⑨ 斥弃：废弃。

译文

祥符年间，皇宫中发生了火灾。当时丁晋公主持修复宫室，担忧取土太远，他于是命令工人凿挖四通八达的大路来取土，没过几天这些大路都成了巨大的壕沟。于是他命人掘开汴水堤岸，将汴水引入壕沟中，这就使各地运送各种材料的竹排、木筏和船只，都从壕沟中直接来到宫门前。工程结束后，再用废弃的瓦砾灰土填到壕沟中，重新修整成为四通八达的大路。丁晋公做了一件事而完成了三项工程，节省的费用可以用亿万来计算。

才高八斗

丁谓机敏聪颖，过目不忘，几千字的文章，他几乎读一遍便能背诵。天象占卜、书画棋琴、诗词音律，他无不通晓。

最让百姓们称赞的事：退田还湖，设法增加百姓的收入。

公元992年，丁谓考中进士，从此追随父亲的脚步走上了从政的道路。在淳化年间，峡路一带少数民族因不能忍受压迫，在边境地区聚众造反，丁谓奉命前往处置。他以安抚团结为主，不动兵刃，稳定了局势，得到朝廷赞赏。

丁谓在治理水利方面颇有成就。在担任升州知州时，城北后湖因多年得不到有效治理，变成了旱湖，前任知州将湖底佃租给百姓。于是，丁谓向朝廷请求减免这部分赋税，并派人组织开挖治理，退田还湖，蓄水种菱、植莲、养鱼。这样一来既能养活饥民，也可以增加百姓的收入。

最让人不齿的行为：为了权位曾陷害忠良，迎合皇帝。

丁谓也是一位出色的经济专家。据史料记载，丁谓担任三司使后，整顿了全国的粮赋征收，消除了征收数量不一、随意加码的现象。另外丁谓还编写了不少反映宋初财政状况的著作，如《会计录》就是由他主持编纂的。

丁谓虽然才高八斗，但后来逐渐在权力中迷失了自我。在历史上他是一个毁誉参半的人。

成长心语

当修建宫殿遇到麻烦时，丁谓开动脑筋想办法，不但解决了眼前的困难，还顺带完成了另外两项大的工程，节省了不少人力和财力。他的这种遇到困难迎难而上的勇气和智慧，值得我们学习。另外，值得我们警醒的是，在前进的道路上，我们要戒骄戒躁，懂得自我反省，不迷失自我。

怀丙

出色的工程家

籍贯：今河北省正定县

朝代：北宋

身份：工程家、和尚

主要事迹：打捞铁牛、扶正赵州凌河石桥

名人访谈

大师，听说您把几万斤重的铁牛从水中捞出来了，您是怎样做到的呢？

为了捞出河中的铁牛，大家都在努力想办法，有的建议用棍子撬，有的说用成百上千个工匠往外拉。

这些办法都不管用吗？

对于轻的东西，这些办法肯定是可以用的。可是，一头铁牛重达几万斤呢，用这些方法恐怕行不通。

那您是怎么做的呢？

我用两艘装满泥土的大船就解决了，也就是利用了你们现在所说的浮力。

您太厉害了！

最自豪的事：因为在工程技术领域的出色技艺，被载入《宋史》中。

故事再现

打捞铁牛

——选自《智囊全集》

宋河中府浮梁①，用铁牛八维②之，一牛且数万觔（jīn）③。治平④中，水暴涨绝⑤梁，牵牛没于河，慕能出之者。真定⑥僧怀丙以二大舟实土，夹牛维之，以大木为权衡⑦状钩牛，徐去其土，舟浮牛出。转运使⑧张焘（tāo）以闻，赐之紫衣。

这是赏赐您的袈裟。

谢谢！

最让人羡慕的事：能想办法解决别人解决不了的难题。

需要知道的意思

① 浮梁：浮桥。② 维：系。③ 觔：重量单位，同"斤"。古时十六两为一斤。④ 治平：宋英宗赵曙的年号。⑤ 绝：断。⑥ 真定：地名，今河北正定。⑦ 权衡：称量物体重量的器具。⑧ 转运使：官名。

译文

宋朝河中府有一座浮桥，用八头铁牛连接浮桥，一头铁牛就重约几万斤。治平年间，河水暴涨冲毁浮桥，牵引铁牛沉入河底，（官府）招募能打捞出铁牛的人。真定僧人怀丙用两艘大船装满泥土，把铁牛系在两艘大船中间，用巨大的木头做成秤的形状钩住铁牛，慢慢去掉两艘船上的泥土，船身因重量减轻浮起来后，连带也将铁牛钩出水面。转运使张焘听说了这件事后，赏赐了他一件紫色袈裟。

怀丙修整赵州桥

赵州桥建于隋代，由著名匠师李春设计和建造，距今已有一千四百多年的历史，是当今世界上保存最完整的古代单孔敞

最让人惊叹的事：利用水的浮力，把重达几万斤的铁牛从水中捞出。

肩石拱桥。1961年，赵州桥被国务院列为第一批全国重点文物保护单位。

赵州桥从建成至今共经历多次修复。在赵州桥的修复历史中，一个工艺技术高超的宋代僧人功不可没，这个僧人就是河北省正定县的怀丙。

赵州桥的第一次修缮是唐贞元八年（792年），当年7月，因大水冲击，赵州桥桥台下沉，当时用补石重砌的方法恢复了原状。第二次修缮是在宋治平三年（1066年），赵州桥桥体石缝之间的铁构件腐蚀脱落，破坏了大桥拱石的整体性，再加上车水马龙过桥压轧（zhá），桥体外侧拱圈侧倾，有发生大桥倾

最让人佩服的事：用一根柱子把歪斜的宝塔扶正。

斜的危险。上千名工匠试图扶正大桥，但都无功而返。正定府的和尚怀丙应邀挽救赵州桥，他并没有像其他人一样兴师动众。《宋史》记载，他"以术正之，使复故"。当时的史官不明白怀丙使用了什么技术修整了赵州桥，因此在文献中记载"以术正之"。其实怀丙不过是巧妙利用力学原理，在桥身的石头上凿洞，向其中灌铁水，用腰铁横向加力，强化大桥石块间的紧固性，从而扶正了石桥，避免了赵州桥倾覆的危险。

成长心语

古代的科学技术不像现在这么先进，但总有像怀丙和尚这样的人，想出非常巧妙的办法，去完成看似不可能完成的任务。他的这种探索精神，永远值得学习和弘扬。

包拯

铁面无私包青天

别称：包青天、包龙图、包待制、阎罗包老等

朝代：北宋

字：希仁

籍贯：今安徽省合肥市

生卒年：999—1062年

身份：北宋名臣

名人访谈

包拯先生,您知道自己有多少个别称吗?

哈哈,我知道有不少,但没具体数过,比如包龙图、包公、包待制等等。

您最喜欢哪个称呼呢?

还是最喜欢百姓们叫我包青天吧。

为什么呢?

我的原则是执法如山,不放过一个坏人,也不冤枉一个好人。百姓们给予我这样的称呼,这说明我的工作在一定程度上得到了百姓们的认可。

当然啦,您可是我们心中杰出的清官代表呢!

128 **最没有想到的事:** 因为断案如神,被后人奉为神明。

> 故事再现

巧答典客

——选自《宋史》

包拯字希仁，庐州合肥人也。使契丹，契丹令典客谓①拯曰："雄州新开便门，乃欲②诱我叛人，以刺疆事耶？"拯曰："涿州亦③尝开门矣，刺疆事何必开便门哉？"其人遂④无以对⑤。

最让人感动的事：辞去官职，回家瞻养父母。

需要知道的意思

① 谓：对……说。② 欲：想要。③ 亦：也。④ 遂：就。
⑤ 对：回答。

译文

包拯字希仁，是庐州人。（包拯）出使契丹，契丹命令典客对包拯说："（你们国家的）雄州城最近开了便门，是想引诱我国的叛徒，以便刺探边疆的情报吧？"包拯说："（你们国家的）涿州城曾经也开过便门，刺探边疆情报为什么一定要开便门呢？"那个人便无言以对了。

掷砚成洲

在广东省肇庆市鼎湖区有一个小岛名叫砚洲岛，这座岛屿伫立在西江中，四面环水，地势优越，风景秀丽，像一块浮在江中的端砚。据说砚洲岛名称的由来和宋朝一代名臣包拯有关。

端砚是古代端州（今广东省肇庆市）的特产。当时端砚是贡品，于是层层官员都假借向朝廷进贡之名，每年掠夺很多端砚精品并据为己有，这可苦了端州的百姓。在包拯任端州知州前，许多官吏对端砚都额外加征，或中饱私囊，或贿赂权贵，这严重加重了当地老百姓的负担。

北宋康定元年（1040年），包拯从天长县到广东端州赴任知州。他了解到这个情况后，开始严厉打击各级官吏额外加征的行为，严格按照进贡的数量向民间征收端砚。直到他离开端州，

最让人称赞的事：执法严明公正，不包庇亲朋故旧。

也没有带走一块端砚。

关于这件事，在当地流传着这样一个故事，说包拯离开端州的时候，船行驶到河中间，突然波浪滔天，船搁浅了。包拯立即吩咐手下人去检查，最后在船舱的底部发现了一块用黄布包裹的端砚，原来是手下人背着他收下来的。包拯立即取过这块砚台扔到江中，江面顿时风平浪静，船得以继续前行。后来，在包拯掷砚处隆起了一块陆洲，这就是砚洲岛。

包拯主政端州三年，深受当地民众爱戴。他品德高尚，为官清廉，为民谋福，政绩卓著；他的多项举措，促进了当地经济文化的发展，使人民安居乐业，生活水平有了显著的提高，使得端州发展成为西江中下游的政治、经济和文化中心。

成长心语

包拯执法严明、清正廉明，为百姓呕心沥血。他为国家奉献一生的事迹从未被人忘记。不管什么时候，包拯刚直清廉的精神都不过时，值得后人一代代传承下去。

小知识

一、读前面名人小故事，补充下列句子中空缺的信息。

1. 上古时期，为了解决黄河流域的水患问题，尧帝命令_____去治理洪水。舜时期，_____采用疏导的办法，终于战胜了水患。

2. 慧眼识别道旁苦李的人是_____，他是"竹林七贤"之一。

3. 司马光听到有人讲_____，非常喜爱，回到家后讲给家人听，竟能说出其中的大意。

4. "楷书鼻祖"钟繇是_____和_____的父亲。

5. _____凭借聪明机敏，不仅改变了父亲被戏弄的尴尬局面，还赢得了一头驴。

6. "望梅止渴"这个成语，讲的是_____的故事，他是东汉末年著名的政治家、军事家、文学家。

7. 田忌与齐国公子赛马时，孙膑让田忌的_____等马、_____等马、_____等马分别对齐国公子的上等马、下等马和中等马。

8. 王羲之被称为"书圣"，他有一个特别的爱好即_____。

9. 郑谷建议齐己将"昨夜_____枝开"改为"昨夜_____枝开"。

10. 对世俗名利视若浮云，追求精神的逍遥自在的一位战国时期的道家人物是_____。

二、用现代汉语说一说下列几句古文表达的意思。

1. 智意所及，有若成人之智。
   _____

2. 君弟重射，臣能令君胜。
   _____

3. 光持石击瓮破之。
   _____

4. 自是士林以谷为齐己"一字之师"。

5. 战战惶惶，汗出如浆。

6. 日中不至，则是无信；对子骂父，则是无礼。

7. 未若柳絮因风起。

8. 何不言日食之余如月之初？

9. 有老姥遇劫于路。

10. 子非鱼，安知鱼之乐？

三、读名人小故事，收获成长大道理。

1. 读《破缸救友》，说一说你从司马光的身上学到了哪些品质或精神。

2. 《晏子使楚》这个故事中，面对楚王的戏弄，晏子是怎样回击的呢？请用原文回答。

3. 读《称象》，说一说曹冲给你留下了怎样的印象。

4. 读《王羲之诈眠自保》这个故事，说一说你从中学到了什么。

参考答案

一、读前面名人小故事，补充下列句子中空缺的信息。

1. 鲧　大禹
2. 王戎
3. 《左氏春秋》
4. 钟毓　钟会
5. 诸葛恪
6. 曹操
7. 下　中　上
8. 养鹅
9. 数　一
10. 庄子

二、用现代汉语说一说下列几句古文表达的意思。

1. （曹冲的）知识和判断能力可以比得上成年人。
2. 您只管下大赌注，我能让您取胜。
3. 司马光搬起石头砸破了瓮。
4. 从此，读书人都把郑谷看作齐己的"一字之师"。
5. 由于恐惧慌张，害怕得发抖，所以汗水像水浆一样流出。
6. 正午您还没到，就是不讲信用；对着孩子骂他的父亲，就是没有礼貌。
7. 不如比作柳絮乘风而起。
8. 为什么不说日食剩下的部分像刚出来的月亮？
9. 有位老妇人在路上遇到了劫匪。
10. 你不是鱼，怎么知道鱼的快乐呢？

三、读名人小故事，收获成长大道理。

1. 我学到了司马光临危不惧、乐于助人的精神，以及遇事沉着冷静、

135

肯动脑筋的品质。

2. 晏子不入，曰："使狗国者，从狗门入；今臣使楚，不当从此门入。"

3. 曹冲从小就聪明而且善于观察，遇到难题肯积极思考，因此深得父亲曹操的喜爱。

4. 当我们遇到危机时，不要惊慌，先努力使自己冷静下来，沉着应对。平复情绪后，再随机应变，设法进行自救。